AF295251

Justin Larma

Elämän sylissä

runoja tunnelmasta toiseen

Kirja on omistettu
Esalle ja Tiinalle
sekä lapsenlapselleni Iirolle

Kustantaja: Books on Demand GmbH, Helsinki, Suomi;
Valmistaja: Books on Demand GmbH, Norderstedt,
Saksa. ISBN: 9789523189935

Elämän sylissä

Justin Larman viides runokokoelma

Elämän-sarjassa aiemmin julkaistut kirjat

Elämän virrassa 2014, ISBN 9789522868176

Elämän kaarella 2015, ISBN 9789523185333

Elämän tyrskyissä 2015, ISBN 9789523186224

Elämän pisaroita 2015, ISBN 9789523189584

Rakkautta vain

Niin hiljaa kätkyt heijaa
unen untuvaista kiikuttaa
lempeästi piltti nukkuu
elon ensivaiheitaan

Vaari herkistyy
pientä lasta lähestyy
pysähtyy

Vuodet riisuvat
pois katoavat
lapsuuden muistot
kadonneet palaavat

Niin hiljaa kätkyt heijaa

Iiro Laakkonen syntyi Jyväskylässä 1.8.2015

Kaipaus

Kas siksi kaipaa ihmislapsi

toista rinnalleen

et jakaa onnen saisi

kertoa tarinat kumppanilleen

että yhdessä itkeä voisi

kun suru tulee sydämeen

ja riemun hetki

yhdessä osuu kohdalleen

Tiina & Esa Ovaskainen
vihittiin Heinäveden kirkossa 1.8.2015

Elämän sylissä

Jälleen polvillani
edessäsi
kesänvihreän luonnon keskellä
täynnä odotuksia
täytettäviä toiveita

sydän syrjällään
ilonhippusista

sormin kosketella
irrotella
kerätä talteen
nautinnon hetkiä
sylissäsi

luontoäiti

Hetki

Tuokio elämää
sydämen soidessa sinfoniaa
läheisyyden lämmössä
käsi kädessä

Hiljaisuus pesi sydämeeni
rauhallisuuden
levon rinnallasi
vierelläsi

Lipuu uni liki
hellästi liekuttaa

onnenkehtoa

Varjot

J äin siihen hetkeen
eteisen peilin edessä

punertava iltarusko
siivilöi siniset varjot
kasvoiltasi
kaulaltasi
keholtasi
ja viimein

pikkuvarpaasi
kynsikin oli punertavampi
kuin se vaaleanpunainen lakka
jota niin rakastit

ja pian

siniset varjot palasivat

Kuun alla

Yllä avaruus
triljoonat tuikkivat tähdet
kuun kelmeä valo
lepää sammalilla
pehmeiksi vuorautuneilla rinteillä
niille mieleni kiipeää

Yllä avaruus
soi hiljaa humisten
toistaen puiden latvoihin
valovuosien kajon
himmeänä hehkuna
unena ikiajasta

Ylläni avaruus
elämän syli
ohi kiitäviä hetkiä
syntymättömien tanssia
kaikkialla

Kumarrus

Elokuinen ilta saapuu
laskee hämärän kaapunsa
eloni vapiseville rappusille
leikkien kuurupiiloa
tunteitteni pesällä

Värjyen kahisee kaislikko
kotirauhani verannalle
piilottaen näkyni
ohi kulkevilta
sydäntään purkavilta

Yksin yö alkaa
sammuttaa kaipauksen lamput
nukuttaa uneen
uneksumaan
uutta kaipausta

Aamuyön hämyssä
katson kammioni seinille
piirtyviä kuvajaisia
kuun valossa
kumarran kiitoksen
sylisi suuntaan

Ja ystävälliset sanasi
palaavat
suutelevat sisintäni
täyttäen sen hellyydellä
kiitollisella kaipauksella

Toivonrantaa kohti

Rusikoitu todellisuus
huutaa unelmieni maassa
maan karusta kohdusta
kurkottaen kohti taivasta

Sydämeni ulisee ikävää
jyskää kaipauksen hyhmää
hitaasti, takoen aikaa
piiloutuen jokaista päivää

Virta kyynelistä
koskena kuohuu
menetettyjen unelmien nyytit
etsivät pääskyä poveltaan

Känsäiset kourani
kauhovat menneeseen
kiroten pärskeistä nousen
turhaa matkaa manailen

Huomista jälleen odotan
pisaraa ruusunlehdellä

Sitä suloista aamua kaipaan
vielä syntymätöntä
jona sieluni kurjet
siivillään
rohkeuteen kantaa

Polku

M ystinen viitta
tutustumisen tuulessa
leyhyy lähemmäksi
särjetyn sydämen ovea
hipaisee ohi mennen
havahduttaa
veren virtaamaan
kiivaammin
hengityksen tihentymään
hengästymään

Olisiko tämä se aamu
jolloin aurinko nousee
kirkkaalle taivaalle?

Kyynelistä
sumeat silmäni
loistavat punareunaisina
aamuruskossa
tavoitellen
kirkkaan katseesi
lupausta

Tulisiko tästä se päivä
jolloin onnellisuus
palaa sydämeeni?

Vapisevat käteni
tavoittelevat unohdettuja
ovenripoja
onnensiltoja
iltoja
joina istuisit lähelleni
täyttäisit haaveitani
löytääksemme
yhteisen polun

Menisikö tässä se polku
jota kaksi kävelee
kotiin asti?

Puun varjosta

Riippakoivun letkeät oksat
luovat sinisen varjonsa
kuumuutta hehkuvan
hellekesän hamosessa

leyhyvät lapsuusmuistot
äidin sylissä
elämän sylissä
sylistä syliin
kesä toisensa perään
varjoihin
hakeutuen
riippakoivun alle

Iski salama
uursi uransa tuohikuoreen
pirstoi vuosirenkaisiin jälkensä
rampauttaen muistot
kaipauksen haavoiksi
pelon arviksi
kesään

Murtuma

S ydämeni murtui
napsahti paikaltaan
menetti aaltopituutensa sinuun
jo aikansa rätistyään
kuulotaajuuden rajamailla

Yskähtelin hämmentyneenä

Revin ne vähäiset karvat päästäni
eikä otsani tullut
sen kirkkaammaksi

Iholla

Kourani lepää ihollasi
lempeästi mukaellen muotojasi
kovettunut kämmen kupeellasi
aistimassa lämpöäsi
sormeni piirtävät kehosi
karttaa ajatuksiini, muistiisi

Karhean kämmenen alla
ihosi odottaa hehkuvana

Lohtulohkare

R inteille kivet ajautuivat
muinoin maamassojen myötä
reunustamaan
uuden elämän polkuja

Ajan patina
sammal
kasvoi lohkareille
taikoen satumaailmoja
elollisten kulkea

Jyhkeänä seisoo
rinteen juurella
suurin paasi
tavoitellen korkeuksia

Rannalla
viikatemies raahustaa

Kyynelissään lapsi kumartuu
äidin sydän
ikävästä sammuu
seisahtuu

Elän - siis elän

Kasapäin vuosia
eletyiksi tunnustettuja
naamavärkkiin merkittynä
ristiin rastiin viiruina
väliin ruvilla
kurttuina, kaulahuivina

Natisevat ja paukkuvat
nivelet, milläs voitelet

Notkeus tipotiessään
kankea kroppa elää liemissään
turvonneet sormet etsivät
nauhoja solmittavaksi
ylettyisikö, alemmaksi
ei,
siis nosta tuolille
rusetoitavaksi

Kaatumista pelkään
niin, ja katumista

Körmy katsoo vaan lähelle
ei ole varaa virheille
ainakaan
niitä huomata
on elettävä
kuin ei oltaiskaan

olla vaan
ja eletään

Toivo paremmasta

Ajanhammas puraisi
palan elosta
kaltoin kohdellusta
unohdetusta

Elämä sylkäisi
raadellun rujon
kulkemaan mutaisia teitä
ontumaan kurjuuteen

Tuonen rajalla
uudet patinat ylle puetaan
hiukset kammataan
yhdessä elämään - aletaan

Unohdus unohtuu
rikki revitty paikataan
nälkiintynyt ravitaan
unohduksenviitta haudataan

Siihen materia päättyy

Uusi elämä syntyy

Katse

Kulmiensa alta
hän katsoo
tuijottaa siniharmain säkenöivin silmin
kieputellen äkkipikaisuuden
tulikranssia
kohteensa edessä
sanattomasti kysyen
kuka olet
ja millä oikeutuksella
astut reviirilleni
kisaamaan rakkaastani
lirkuttelemaan lemmenlurituksia
varatulle

Hiiltynyt mieli
hehkuu hetken tulta
sammuu, sammullaa katseen palon
lempeäksi ymmärrykseksi
väärinkäsityksen häpeäksi

Siniharmaat silmät lauhtuvat
katsovat lempeästi
mielentanssin parketilla
on rauhallista

Muistuma

Rusoposkesi muistan
hehkeinä kesäpihalla
kulkiessa porttisi ohi
pojanmieli ujona
uimarantaa kohti

Askeleesi muistan
reippaina rantahiekalla
kulkiessasi löhöpaikkani ohi
naiseudestasi varmana
suuntana rantakioski

    Muistoni uinahtivat
    hetki sitten vielä muistin
    nyt en enää...
    nukahdinko, vuosia
    kävelitkö äsken ohi?

    .....katson käsieni ryppyjä
    viirukkaita kasvoja
    korvien orpokarvoja,
    silmälasien sankoja
    linssissäkin syvä lovi.....

Rakkauden meri

N iin mielelläni hukkuisin,
rakkautemme mereen,
hetken kelluisin, pinnalla
katsellen aurinkoon,
syvyyksiin sukeltaisin,
palaisin aamuyön kuutamoon,
poutapilviä ihastellen
palvoisin,
meremme yllä synkkyyttäkin ymmärtäisin,
sua rakastaisin.

Venhossani
kelluisimme tyyntyen
rakkauttamme
merellä.

Rakkausralli

Rullalankaa, kultalankaa
kiertämässä onnen ansaa
pitkin loikin matkaa mittaan
katsomatta joka tien viittaan
kilometrit monet harhaan
eksyin tahtomatta varmaan

Sinut löysin
sidoin haaveisiin manillaköysin

Rakkauttani lauloin
rallatellen jumalatartani palvoin

Rullalankaa. kultalankaa
kiertämättä piikkilankaa
lankesinkin onnen ansaan

Saattoi arvata

L akaisee leppeästi
kuin leppäluuta
ei tässä mikään muutu

ethän suutu

No joo

Rupisammakolla on komea kuori,
kelpaisinko ystäväksi?

K auhia on elämä
 kahtua koko ajan taakse
 vahata naapureita
ja miettiä kelepaako

Ruukaan kuhtua
ouvvompiakin sissään
kahaville, jos on
sellanen tarve

Nisuranssi völjysä
vieraskin on mielunen
ohtaluu kirkkaana
voi istua pöytään....

Entäs sitte?

No ryystetään kahavia
ja syyvvään nisua
ja sitte lähetään
pois

Merkityksetön

Henkäys
olematon
huomaamaton
poissa on

eloton
onneton

saamaton
koki tuomion
kohtalon

nyt se ohi on

Mikä on

Peilikuvani toljottaa
nyrpeänä onnellisten perään
voisinpa tuijottaa
estoitta, kun huomiotasi kerään

Vaan olen ujo poika
liki ikäloppu keholtani
ei kuitenkaan kukaan mua voita
jos nousemaan pääsen rahiltani

Liimattu olen ihastukseen
kuin kärpäspaperi kepposeen

Pyristelen
irti yritän
jatkukoon se huomiseen
uuden ansan viritän

Peilikuvani hymyilee

Kuka se

S iinä taas pönötin
takarivissä
unohdettuna
ohitettuna
vaikka työsuoritus olikin
loistava

Vaan kun en ole pelle
tai tähti
jolla suuvärkki nostaisi
naamani esille
puolustamaan kunniaani
ja keräämään
irtopisteet

Mutisen siis itsekseni

Kokoan kasan tilastoja
kiikutan ne esimiehelleni
"Katso perkele,
kuka ne hommat täällä tekee"
kun et huomaa
niin pakko uskoa
"kuka se kissanhännän nostaa, jollei kissa itse"

Tänäänkin

Hiljaisuus
vain pieni tuulenvire
leyhyttää ylipitkää hiusta
otsallani
kutitellen
kulmakarvojeni rajaa

Metsä huokuu keskikesän
lämmintä kosteutta
sateen jälkeen
varpujen meressä
kypsyy marjasato
suolta kantautuu
hirven askelten lotske

Olen yksin
hiljaisuuden syvässä onnelassa
allani kutsuva maa

Kuiskaus

R aotin sieluni ikkunaa
kurkistin ajatusteni leikkikentälle
kikattavien tarinoiden peliä

josko
vaiko eikö

kenties sittenkin
ehkä olisi jo aika

vai
eikö sittenkään
kun en tiennyt

kuiskasit

Nyt

Tiesimme

Tiesinhän minä
niin myös sinä

Syksy saapuu sateineen
katsomatta eiliseen
kastelee portaat
liukastaa askeleet
pois pesee menneet
suven
suloiset hetket
retket
kesäiltojen kuutamouinnit
kalojen narrailut
timoteipellossa makailut

Syys saapuu kynnyksille

Elo viipyy vielä hetken

Sydämen aitan rappusilla
on lempeät askelmat
joskus ne narahtavat
sisälle salattuun johtavat

eivät piittaa säistä
kuljettavat
molemmista päistä

Hiivi siis
valtaa paikkasi
huomaamatta

Hyytää pohjoinen viima
olen sinulle valmiina

Löysimme askelmat
kutomamme loimet
elämän kangaspuissa
riemunkirjavaksi
kahden polvistuttavaksi
se elämän rekimatoksi
valmistuu

Talvi vällyjen alla
paukkupakkaset nurkissa
et ole kadoksissa...

Sitä yhtä ja samaa

A rki
ihmisen parasta aikaa
olla
kulkea yhtä matkaa
niin
tai erillään
kuten
kukakin haluaa
tai joutuu
tahtomattaan

Juhla
jokainen elonpäivä
yksin
tai yhdessä
ilman valitusta

Mutta
kun on niin
helevetin ikävä
aina joltakin puuttuu
isäntä tai emäntä
on niin yksinäistä
lohdutonta

elämä

Onko
se sittenkään
niin

Kauneinta

Kukkaisvuorilla on huomen
aamukaste korsilla
paljaat jalat
ja pakarat

lemmen jälkeen

Niinku

S elityksen makua
myöhästyminen
tullut tavaksi eräillä
ja se sitten pitäisi
hyväksyä

Metri metrilakua
markkinatuliainen
pehmenee lämpimillä säillä
mikä sen säilyttäisi
ajattelin kysyä

Et niinku
ettei pehmenis
laku
lämpimässä
pysyis kovana
ja olis kiva
syödä

Tiät sä?

Tavallisia asioita

Arjen kiireissä
unohdin
pienten eleiden merkityksen
kosketuksen
halauksen voiman

Keitin pikkuperunoita
kesäkeittiössä
puhdasposkisiksi pestyjä
oman puutarhan kasvatteja
ilman keinolannoitteita
kasvaneita

Katsot kauas
rusottavaan taivaanrantaan
odotat työni päättymistä
pöydän kattamista
yhdessä istumista
aterialle ryhtymistä

Tartut käteeni, sanot:
Rakkaani,
tätä on arjen onni

Yksinkertainen onni

Anna tuulen kantaa
mielesi nousta siivilleen
uskoa unelmiin
katsoa huomiseen

Nouse myrskyn silmään
liidä raivona pilvien yllä
kauas pois turvallisesta
takaisin palaa tyvenessä

Sanat raekuuron lailla hakkaa
syntyy sotia tahtomatta
sattuma kodalleen ottaa
ketään unohtamatta

Jokaiselle elämä antaa
koettelemuksia ja onnea
unohduksen viittaan
pukeutuu kamalinkin riita

Lipuu poutapilvet taivaalle
rauha sieluun asettuu
anna arvoa kumppanille
muutoin piinan alla rusentuu

Kuuntele ja auta
ojenna kätesi hänelle
unohda ylpeys ja kauna
rakenna aika paremmalle

Yksinkertaisin onni
on lauha ystävyys
joka riemulla kokemuksen jakaa
piinat pilkkoo puolikkaiksi

Kaksi parempi

Kun kurkistan
sydämesi huoneeseen
siihen, jota tyhjäksi sanot
katson ymmälläni kaikkea
kauneutta lähelläsi

Sinä valaiset maailman
kulkureittini luoteeseen
sinne, johon nyt yhdessä kuljet
sisällämme onnea
kokemuksia elämääni

Tavoitamme oikean
käymme kaksin vuoteeseen
siihen, jossa syntyvät retket
nähdä ja kokea
syli sylissäni

Kaikkeuteen - pois

Voiko lempeä selittää?
Voiko rakkaudentulen loimua peittää?
Voiko sydän läpättää, salvata hengityksen?

Kun tulet olet tullut kaikkialta
niin paljon sinua odotin
huusit kaikissa huokosissani
tuta toiveitani,
valaen tietämättä lemmentuskaani

Kun tulet
veri pakenee poskipäihin
punaisiksi omenoiksi
odottamaan sitä ensimmäistä puraisua
lankeemusta hekuman lehdossa

valun hyytelönä vainioille
sadonkorjuun sadoksi
kullankeltaiseksi siemeneksi
uusille sukupolville
ja maa janoaa omaansa
kasvun juurille ravintonsa
hehkuu lehtivihreä oraissa
sykkii salaisuuksia sukupolvien ketjussa

sydämeni laulaa kiitosta
huuhtoutuu pois
maailman meriin ja avaruuksiin
tähtitarhoihin soittamaan
sielujen sinfoniaa

Meillä on aikamme
Meillä on

Maailman sylissä

ajatuksia elämän vivahteista

Viaton

M aa järkkyy
tuhon iskuissa
menneisyys kaatuu
historian pilarien murskajaisissa
pirulaiset teroittavat
kuolonviikatteitaan
toisin ajattelevien on
aika mennä
jälkiä jättämättä

Rajat kaatuvat piikkilankojen alle
suruliinat verkoissaan

Hän pakenee
jättää hyvästit kotimaalleen
rauhankyyhkyä etsii seurakseen
murhanhimoisten
iettä väistellen

Yksin tuhansien keskellä
Yksin tuhansien peninkulmien takana
Yksinäinen lapsi asemalla

Uusi lempeyden aamu
sumuverhon takana aurinko
synkän pilven varjossa sataa
toivonkyyneleitä
huokauksia, odotusta

auttavat kädet ojentuvat

Miljoonien joukossa
paonkohdusta syntyvät
uudet vaeltavat kansat
viattomat
surukaavuissaan
uutta paikkaa etsivät

Eilisen puolustajat

Yhteiskunnan myllerrys vyöryy hiljalleen
salaperäisistä virroistaan
mielipidekoskiksi

Syttyy kuin palava bensa laineilla
polttaakseen ihmisarvon
tuhotakseen uuden ja
edistyksellisen
tasa-arvoisen

Keinotekoisissa linnakkeissa
ritarit elävät omaa aikaansa
kalisuttelevat miekkojaan
ruosteisiin kilpiinsä
ristinmerkkejä viittoen
esihistoriaa puolustaen

Lapsi katsoo huoltajiaan
eikö oikeutta vanhempiin olekaan
viedäänkö heidät vankilaan
kun eivät eriparia olekaan

Nousee rovasti tuoliinsa
katsoo kirkkokansaansa, aloittaa saarnansa......

Kulkijat

Kuljen poluillasi
matkaan väliin maan uumenissa
etsien onneani
luoden lantaa tunkioista
jotka vuosien saatossa
ovat vallanneet maailmani

Kuuntelen myrskytuulen ulvontaa
piikkilanka-aitojen tolpissa
niiden takana nukkuvat miljoonat pakolaiset
etsien omaa onneaan maailmalla
poissa kotoa
kaukana

Istahdan levähtämään
raskaat ajatukset taakkanani
murheisena
vallanhimo otsamerkkinäni
tietäen surun yltävän sinne
missä sitä vähiten odotan

Kontaten jatkan matkaani
peläten luotien osumaa
ruumisvaunujen kalmanhajussa
leijuu vankimuurin yllä kuolo
he siellä sisällä
vailla arvoa, armoa, toivoa

Ryömien matkani mataa
viimeisillä voimillaan
huijattu uskoo auttajaansa
rahanhimoista kätyriä
satamanvaloissa
ennen laivan saapumista

Pimeyteen
katoavat

Viha - rakkaus

Julmuus iskee äkkiarvaamatta
sanoja säästämättä
piilotellen syvimmät tunteet
heimoveljeyden viitan alle

Yössä laukkaavat vihan ratsut
jyrisevät ärjyt moottorit
miehet huppupäiset kaavuissaan
kypärien alla vimmoissaan

Pelkoaan piilottavat
uhkaa aseettomista tuntevat
kuinka uskaltavat mannulleen astua
orvot, pakenijat, maattomat

Pauhaa kansallisuusaate
petturit, te myykää maanne
muilta mailta tuleville
rikkomaan tulevat kotirauhaanne

Viisaus ei nouse barrikadeille
rakenna aitoja, esteitä saapuville
rakkaus rakentaa kodittomille
huolehtii avun tarvitseville

Kohtalo

tke kansani
rantaan ajautuivat
turvaa etsivät

Aallot huuhtoivat
rantahiekalla makaavat
pienet lapsoset

Sure sydämeni
kohtalon julmuutta
veljesvihan kamaluutta

Aita

R ojuisen rajan merkki
   kilvet sidottuina, piikkilanka
   ottaa sinut vastaan
kotisi menettänyt
pakoon pelästynyt

Sido huivisi tiukemmin
suojaa lapsesi lempeimmin
ryömi,
matele
jätät helvetin

Tuhannet tuijottavat
katsovat tummaa hipiääsi

Uusi sota alkaa
ennakkoluuloissa
henkinen kanttisi punnitaan

Äidin suru

tkuunsa hän tikahtuu
epätoivoa vuotaa
rusentuu tuskansa alla
suruun vuorautuu

Lapsi rantaan ajautuu

Huutaa sumusireeni yössä

Sysimusta

Siinä hämärän rajalla
valkopursi ulapalla
vaahtopäitä uhmaa
pimenevään yöhön katoaa

Vellovat meren voimat
elonliekkiä yrittävät sammuttaa
merenkävijät taituroivat
yrittäen voimat taltuttaa

Rannalla riutuva sydän
itkunsaranat kirskuvat
ikävää huutavat
kohtaloa parkuvat

Suolainen merensyli
ahnaana ahmaisee mukaansa
kieputtelee purtta
valtaansa

Hätäkellot soittavat
pienen saaren luodolla
taasko joku
menettämässä on armaansa

Sylien kirjo

Monen kirjavaa on elo

Hiippailija

Yö piilottaa
monet askeleet
hämärään
valon löydettäväksi

Yöhön

Siinä hän
keimaili
pyöritteli lanteitaan ja
räpsytteli irtoripsiään
suutaan muikistellen
taivaansiniset silmät
lemmekkäästi leiskuen

Baarityttö
ammatissaan
osaten
taitaen vokottelun.

Yö saapui riemut mukanaan
nainen könsikäs kainalossaan

Hetki vielä

Siinä makasin reporankana
kuin käytetty saunavihta
vesisaavista nostettuna
pois nakattuna, nakuna

En millään jaksaisi avata
ajatustakaan heräämiselle
kun uni hiertää silmäkulmissa
isoa Zetaa, unelle

Tikka koputtaa aamua
talon päädyn kelossa
kysyen oletko elossa
riekuttuasi, leikittyäsi haamua

Kehoni naukuu unen perään
pelkään, että herään
ei vielä, ei vieläkään
etkö anna mun nukkua ensinkään

Nakutus tunkee uneen
näen unta, et menen rantaan
saunan lämmitän ja sukellan
veteen

Reporankana vuoteella
hyvää huomenta
sittenkin
heräsin

Häikäisy

Valovoimainen
on tuo nainen
Säihkyy kuin timantit
valonsäteiden leikissä
särkyneiden sydänten
muotinäytöksessä

Hän seisoo korkeimmalla rapulla
portaikon huipulla
urosarmeija alistuneena kuolaa
rakennelman juurella
mielet eksyksissä

Karisma sokaisee
leijonat liian suurta palaa lohkaisee
tajunta harkinnan pois potkaisee
ja naaras sydämet hotkaisee
lumollaan sokaisee

Diivan vuodet uursivat hehkeän ihon
ryppyisiksi uriksi kasvoille
kurtuiksi kaulalla
tutiseviksi käsiksi
hoipertavaksi kävelyksi

Vaan loisto edelleen häikäisee
hymy taivaat aukaisee
ukkokatras edelleen odottaa
taikaa kohdalleen aukeavaa

turhaan

Ehdotonta ehdollista

tsesäälin ikkunassa
kuura kasvattaa kukkiaan
pukee hallan huurut ylleen
pakenee pakkaseen
syvässä hangessa
tarpoo
synkin ajatuksin

mieli kieppuu
kurjuuden kuperkeikkoja
aina samaan suuntaan
turhautuu
lasahtaa lätäkköön
roiskii rapaa
rakkaiden ylle
läheisyys
etäisyydeksi muurautuu

yksinäisyys töröttää
hiljaisuuden kaikkeudessa
ajatuksen kummitukset
liehuen ympärillä
mykkäkoulun takarivillä
pako-ovelle tyrkyllä

haudattu itsetunto
betonoidussa kammiossaan
mielessä
valoton huominen

Mies

Sulaa vahaa
sulaa jäämies
jää mies

Jää mies yksin
vahaamaan viiksiään
kelaamaan ajatuksiaan
jäädyttämään sydäntään
uudelleen
ja uudelleen
tulee jäämies
joka sulaa
ja jälleen
jää yksin

Oluttuopin sankari
kelluu baaritiskin äärellä
elämänsä myrskyjä
tyveneksi
hukkumalla viinavirtaan
turvottamaan olemustaan
heräämällä
velkalankeemukseen

Se tavallinen tarina
jossa ei ole sankareita

Jää mies
kuvajainen
olutlasin vaahdossa

Näppäimillä

Aiemmin en oivaltanut
on paljon sanoja
joita tulee sanotuksi
ajatelleeksi
ei kirjoittaneeksi

Sanojen lähteellä istun
tietokoneen ääressä
katsellen näppäimiä

Kahleet ovat irrallaan
sanat valmiit lentämään
elämään

Ryystän mustaa kahvia
haukkaan palan ruisleivästä
muhennan sen hampaillani
olisiko siinä aihe
tarinaani

Istun elämän sylissä
miljoonien keskellä
sormet näppäimillä

Osa jotakin

Kiehutko elämäsi tuskaa
piruilun maustevettä hörppien
niin mustan pilven alla
ettet valonkajoa havaitse
vaikka avoimen oven kynnykseltä
alkaa onnellisten ajatusten maa

Kun aikansa keittää myrkkylientä
sen voima haipuu, katoaa
tarvitaan voimakkaampaa tilalle
jotta se tehoaa
tosin, lopulta tuhoaa

Onko siinä onnenmaa?

Kellun kuin korkki vedessä
aava ulappa edessä
hengitän helppoa elämää
salaa
ettei kukaan nää

Onhan se vallan tavatonta
suorastaan luvatonta
olla hyväntuulinen, myönteinen
iloinen ja hyvätapainen
myöntää se virheittensä keskellä

Mitä muuta kaipaankaan?
Olla osa jotakin.

Saituri

Hän on
Hän ei ole
Hän joutuu olemaan

Mitenkä sen sanoisi
kauniisti ja hyväksyttävästi
ymmärrettävästi
ilman taka-ajatuksia?

Mukana, vai ei

Jälleen punnitaan
vapaamatkustajana mukaan pyrkivän rohkeus
asettua muiden joukkoon
hyväksyä säännöt

Hän katsoo kaihoten varallisuuttaan
ei luopuisi äyristäkään yhteiseksi hyväksi
edes tasavertaisuutta osoittaakseen

Ei hänen kuulu
Hän ei osallistu
Mutta ottaa, kun saa

Arvet

S ieluni arvissa
seikkailevat pirut parvissa
kiusata koittavat
jotta voittaisivat

Arpeni tyynenä kannan
hieman kipuilen
vaan vastaan rimpuilen
ennen kuin periksi annan

Tiedän, että katsot tarkkaan
osut sanoillasi arkaan paikkaan
rosoja avata yrität
likaamalla paikat pyhimmät

Ne pistävät puukkojen lailla
mollaajat aina uhria vailla
ihollani arvet eivät näy
sydän pelkää, vaan eteenpäin käy

Yhtä arpikudosta jo olen
paikallani jalkaani polen
kiukuttelen ja tilaisuudet missaan
ripustetaan arvet nuo samaan rissaan

Sisälläni arpien armeija
harvoin enää tuntuu kipuna
on yhtä turhaa väistellä
alankin takaisin veistellä

Hellästi viholliset kohtaan
lämpimät kääreet asetan ohtaan
lempeydellä vesitän verisimmät
rakkaudella tyhjimmät

Seitti

Salaperäinen asukas
iltahämärissä
kulkee vaiti
vaitonainen
vaurauden vanki

sulkee lippaan
antaen yön tulla
avutonta houkuttaa uneen

kutoo verkon hopeaisen
kultaa mielihalunaan
humaltuu aamukasteen
timanteista tohkeissaan

käärinliina, seitti ohut
peittona,
avuttomalla

taas kulki lukki
lumoutui
yks avuton pois kumoutui
hämärästä
kun aamu sukeutui

Kohtaamisia

Suuren kuusen juurella
istuu yksinäinen harakka
hypähdellen välillä
on menossa etsintä

Kirkasta hopiaa
tölkin klipsukorkki sille edustaa
keräilytavaraa
pesäänsä hamuaa

Voiko tuota pesäksi sanoa
risukekoa, sekamelskaista
vaan on se aarreaitta
kiiltävistä aarteista upein on lusikka

Istuu isäntä suuressa tuvassa
taas on lempilusikka hukassa
millä nyt puuroa lappoa
kun kadonnut on lusikka

Taas retkisiivilleen nousee harakka
suuntana avoin akkuna
voi siitä sisään kurkistella
ja itselleen jotain sopivaa rohmuta

Leyhähtää ikkunalle harakka
istuu puurovatinsa ääressä tuvassa
isäntä, pelästyy yllättävää vierasta
jaa, että harakka,

missä lusikka?

Etsintä

Pienuutensa pellolla
soittaa sirkka viulua
kuuro äänen kuulee
sokeaksi itseään luulee
tuulee

Kortta kiipeää korkeammalle
nähdäkseen maailmalle
kotikolon unohtaa
kaukaisuuksiin hamuaa
katoaa

Loikkii, etsii uutta
lohdutonna tuntee katkeruutta
kadotti minänsä matkalla
kohtasi vain kurjuutta
kaukana

Kotiin palasi
viuluansa rassasi
tutun sävelen soitti
itsensä takaisin voitti
surun karkotti

Kurmoottaa

P enikka vinkuu
emokissa niskasta tarttuu
tassuillansa taputtaa
ilman että satuttaa
järjestyksen pennulleen osoittaa
arvomaailma pienelle avautuu

Rajulta touhu näyttää
kun emo valtaansa käyttää
kasvatusta se vaan on
luonnon perimässä taika on
ei pieni saa olla kuriton
holtiton

Ja taas pennut mennä vilistää
emo levolle itsensä kellistää
katselee
kuuntelee
tarkoin pesuettaan vartioi
kaiken huomioi

Onnellisena kehrää
kun pennut nisiä nyhtää
tuntee pienet masullaan
ne painelevat tassuillaan
hyrräten onnestaan
kiittävät emoa

Ratsu

R atsastin
keppihevosella
kisamontullasi laidasta laitaan

pehmeytesi pullavassa
niistin nautintojen riemua
pisara kerrallaan

laukkasimme
hämmentyneen
hymyn maahan
kainoina
säkenöiviä kukkia
sylin täysi

Puun alla

Kirsikkaposkeni
rakkaani
kukkii kesä luumupuuni oksilla
sinihedelmiä syksyn tuoda
lumenvalkeina talven
uuteen kevääseen isoten

Punapaulan solmit kätöseesi
sinitaivaan peilin silmiisi
hunajaisen punan huulillesi
medeksi
suudelmille

Kirsikkaposkeni
rakkaani
luumupuun alla

Säitä pitää

Huomasitko
syksy on tullut
Yön pimeä viipyy
päivän tulo siirtyy

olen rento kaali
räystään alla
sadetta paossa
niska kenossa
katson taivaalleni

Ukkonen saapuu
varis oksalla istuu
sulat sateessa räytyy
salamat välkkyy

olen ruttukaali
sadetakiton juoksija
läpeensä kastuja
niskat kumarassa
loikin kotiini

Aamulla	Päivällä	Illalla	Yöllä nukun

Kesähömppää

Kumikalossit
ei siis sellaiset
kuin vaarilla oli
vaan "kroksit"
tiedät millaiset
sullakin oli

Laahustin maantietä
puuhollannikkaat jalassa
varpaita kivisti
ja naama
irvisti

Haisaappaatkin kerran sain
kun kaupasta hain
lyhytvartiset
muodikkaat
jaloille vihoviimeiset

Kevyeltä näytti tennareissa
valkoisissa nauhoissa
rusetit
kuin tytöillä,
kusetit

Santaalit miehen jalkaan
valkoiset urheilusukat
karvaset kintut
ja kaljamahan kellukkeen
paljastava t-paita

Elähän vielä
on purkkarit siellä
komeron perällä
kokeilematta

Josko sittenkin
avojaloin rehvakkaasti
talsittais
pääsis tansseihinkin jos
ravatin kaulaan laittais

Ehkä ei sittenkään
sitäkään
vaan
nakuna
uimaan

Oijoi!

Lämmin sää
otsalla hikikarpalot
kirkkaita kuin kristallit
maultaan suolaiset
lämpimät

Juoksin kesään
paita hulmuten
kaljuuntuva otsa kiiltäen
paljaat kintut
heiluen

Se inisee
piinaa
odottaa
iholle singahtaa
piikin upottaa
satuttaa

Läps!
punainen läikkä
sori tää tilapäinen häikkä!
Oijoi!

Piiloon

P iti sanoa
olla viisas ja lohkaista
omalla huumorilla
Facebookissa

Toisen tontilla häärätä
kysellä ja epäillä
kyseenalaistaa tekemistä
esitetyn asian vierestä

Henkilökohtaisuuksiin puuttua
ulkopuolisiakin soimata
mustalla huumorilla
huonosti avautuvalla

Sait vastineen ja oikaisun
kommentin harkitun. perustellun
kestänyt et totuutta
toisesta näkökulmasta

Facebookissa pätee tietty etiikka
ei muita saa loukata
heitellä kommentteja
asiattomia

Loukkaannuit omia sanoja
päätit poistua, piiloutua
kun ei ymmärretä
soimaajaa poloista

Aikuisuus on vastuunkantoa
uskallusta epäonnistua
myöntää virheensä
ja aloittaa alusta

Ihmisyys on ymmärrystä
erilaisuuden hyväksymistä
kohteliasta kanssaelämistä
mutta rehellistä

Lapsuuden sylissä

Hetkiä entisyydessä

Muistojen varastolla

Lapsuuden maa
  Keski-Pohjanmaa
  sydämen portteja
vieläkin kaiuttaa
menneet tuoksut palaavat
navettojen takana lantakasat
pihapolulla ratamot ja apilat
kukkivien puiden sijalla haavat
yhä paikallaan havisevat

Litteä taivas
  laakean maan yllä
  välissä törröttävät matalat puun latvat
vanhasta merenpohjasta isonneet

Peltojen keskellä punaiset talot
  pienissä ryhmissä kyläkeskukset
  opinahjon ympärillä
pojannassikka kaupan portailla
tikkari kourassa
kokemassa makean suurta onnea

Sirkku ja Pulmu olivat makeisten korvikkeet
lapsen löydöt, paketeista pitkät palaset
huippusaalis toppasokeri ja sakset
niistä makeaa lohkoivat
tuvissaan piiat ja emännät
kupongilla kahvia ostivat
korviketta useimmiten keittivät

Onnelliset torpat kateuksien kylissä
talolliset viljalaarejaan täyttivät
hevosilla myllyyn säkkejä kuljettivat
ohraleipää emännät leipoivat
pepua paistoivat
maitopottuja maistoivat
oli ajat vaatimattomat

Lapsuuden maa Keski-Pohjanmaa

Lapsuuden perintö

Haapa havisi lapsuuttani
kamarin ikkunan alla
lauloi satulauluja
tikapuut seinän nojalla

Vintillä vaarin tekojalat
sahanpurua isot kasat

"Orvokkini tummasilmä
kultasydän pieni",
lauloin lasna
siitä alkoi tieni

Pienen nokipojan unohdin
etelään kun matkustin

Uudet kaverit koulussa sain
Ikävää en unohtanut vain
uutta kohdatessani
monet muistot mukanani.

Polokupyörä

Kossina kolusin
halakolajon nurkisa
pyöränrämiä ehtimäsä
ja löysinkin kumittoman

Runkua oli hitsattu sepällä
oli se meleko hutera
mutta vängällä piti päästä
tasapainua harjottamaan
tieltä pihhaan

Akkojen pyörä se oli
ei runkua esteenä
ja jalat ulottu
melekeen polokusimilta
maahan

No lipsahtivat kerran
tipahin munille
sattu kauhiasti
itkiä vollotin kottiin asti

Kurri

Ruukaattako te kahtua
että päälärissä on maitua
Raataavat kylällä,
jotta ryystättä kurria

Raasu

U kot on rantteella
puita halakomasa
talaveksi

Liiterin pittää olla täysi
ettei tule kylymä
talavipakkasilla
kun on
komia raasu
pönttöuunisa

*) julkaistu hieman muunneltuna Kossina Taluksessa –
Tuokiokuvia pienen pojan elämästä 1956-1961 -kirjassa)

Sisällysluettelo